अंतरंग

कुशल शर्मा

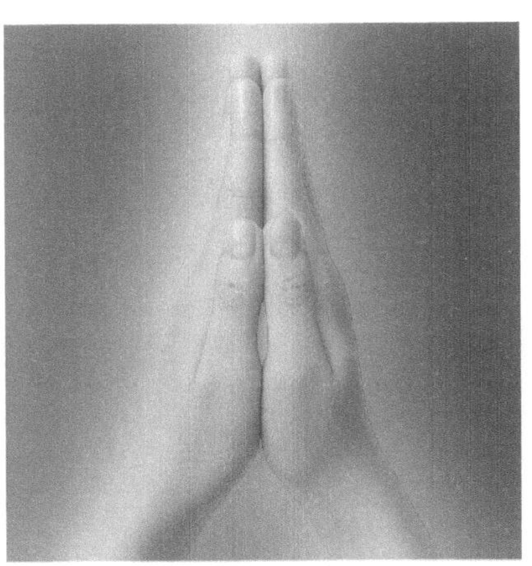

यह पुस्तक उन सभी आत्माओं को समर्पित है,
जिनकी ख़ामोश उपस्थिति ने जीवन की राह में प्रकाश फैलाया।
जिन्होंने बिना शब्दों के भी, मुझे समझा — और
जिनकी प्रेरणा ने मुझे लिखने की शक्ति दी।

क्रम-सूची

प्रस्तावना — vii

भूमिका — ix

पावती (स्वीकृति) — xi

आमुख — xiii

अंतरंग - खंड 1: परिचय

1. अंतरंग - मन, हृदय और दिमाग के विषय में — 3

अंतरंग - खंड 2: अनुभव

2. एक ज़िंदगी, दो परदे — 9

3. रास्ता बदलने से नहीं, सोच बदलने से मंज़िल मिलती है — 13

4. बिना शर्तों वाली दोस्ती — 17

5. उमंग का पतंग — 20

6. शब्दों की साँस — 24

7. मन के ज़ख्म और नासूर — 28

8. निश्छल प्रेम की राह — 33

9. तारीफ़ों का बोझ — 38

10. नींव से ऊँचाई तक — 42

11. रुकना मना है — 46

उपसंहार (Epilogue) — 53

परिशिष्ट (Appendix) — 55

शब्दावली (Glossary) — 59

संदर्भ (References) — 63

आभार प्रकट (Acknowledgements) — 65

लेखक परिचय (About the Author) — 67

पाठकों के लिए संदेश — 69

आने वाली कृति की झलक (Sneak Peek) — 71

प्रस्तावना

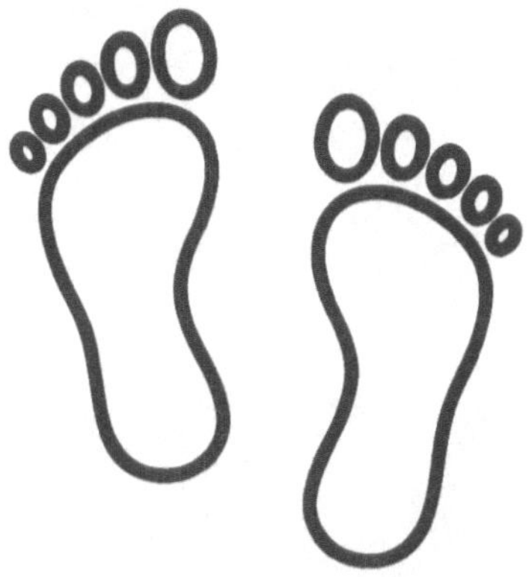

जीवन कोई साधारण यात्रा नहीं।

हर मोड़ पर एक नई कहानी, हर भाव में एक नई सीख छुपी होती है।

यह पुस्तक, मेरे अपने अनुभवों का संग्रह है —

जिनमें दिल से निकले विचार,

और जीवन से जुड़ी कहानियाँ आपके सामने प्रस्तुत हैं।

आशा है कि ये विचार, आपके मन को छू पाएँ और

आपकी ज़िंदगी के किसी क्षण में संबल बनें।

भूमिका

जब जीवन हमें मोड़ देता है, तो हम या तो ठहर जाते हैं — या फिर कुछ नया रचते हैं।
यह पुस्तक उन्हीं मोड़ों की देन है, जहाँ दिल की आवाज़ ने कुछ कहने की कोशिश की,
और मन के साज़ ने उसे एक कहानी बना दिया।
मेरे जीवन में आए अनगिनत अनुभवों, कुछ कहे-अनकहे पलों,
और भीतर से उठती संवेदनाओं को जब शब्दों का रूप मिला,
तो वो सिर्फ़ मेरे नहीं रहे — वो हम सब के हो गए।

हर उद्धरण जो इसमें लिखा है,
वह मेरे जीवन की किसी सच्ची भावना या परिस्थिति से जन्मा है।
और हर कहानी — उस विचार की परछाई है।
यह पुस्तक कोई उपदेश नहीं,
बस एक निमंत्रण है — आपको, अपने ही भीतर झाँकने का।
आशा है, इन पन्नों में आपको अपने जीवन की कोई झलक,
कोई सवाल — या शायद कोई जवाब मिल जाए।

पावती (स्वीकृति)

इस पुस्तक के निर्माण में प्रत्यक्ष और अप्रत्यक्ष रूप से सहयोग देने वाले
सभी मित्रों, परिवारजनों और प्रेरणास्रोतों का मैं हृदय से आभार प्रकट करता हूँ।
विशेष धन्यवाद उन सभी पाठकों का,
जिन्होंने मेरे शब्दों को समझा, सराहा और अपना समय दिया।

आमुख

मनुष्य का मन एक रहस्यमय संसार है —
जहाँ भावनाएँ, विचार और अनुभव एक साथ मिलकर
ज़िंदगी की कहानी रचते हैं।
दिल की आवाज़, मन के साज़ उन अंतरंग क्षणों की प्रस्तुति है
जहाँ एक उद्धरण से जन्म लेती है एक पूरी कहानी।
यह सिर्फ़ मेरी नहीं, हम सभी की यात्रा है —
बस शब्द मेरे हैं, अनुभव हमारे।

अंतरंग - खंड 1: परिचय

यह पुस्तक मेरे अंतरंग विचारों, भावनाओं और जीवन के प्रति मेरे दृष्टिकोण का एक संग्रह है। यह एक ऐसी यात्रा है जो मेरे बचपन से शुरू हुई, जब मैंने पहली बार आध्यात्मिक ग्रंथों के पन्नों को पलटा और ज्ञानवान लोगों की बातों को ध्यान से सुना। मेरे मन में हमेशा से एक जिज्ञासा रही है - मनुष्य कैसे खुश रह सकता है? जीवन का उद्देश्य क्या है? और हम अपने भीतर शांति और संतोष कैसे प्राप्त कर सकते हैं?

इस खोज में, मैंने अपने आसपास के लोगों के जीवन को गहराई से देखा, उनके सुख-दुख, उनकी सफलताएँ और असफलताएँ। मैंने उनके अनुभवों को उन सिद्धांतों और शिक्षाओं से जोड़ने का प्रयास किया जो मैंने ग्रंथों में पढ़ी थीं। यह एक निरंतर चलने वाली प्रक्रिया रही है, जिसमें अवलोकन, मनन और आत्म-विश्लेषण शामिल है।

यह पुस्तक मेरे इन्हीं अंतरंग विचारों का परिणाम है। यह मेरे हृदय की गहराई से निकले हुए शब्द हैं, जो मन की जटिलताओं, हृदय की भावनाओं और बुद्धि के मार्गदर्शन पर आधारित हैं। इसमें मैंने यह समझने की कोशिश की है कि मन, हृदय और दिमाग का सही तालमेल जीवन को कैसे सुंदर और सार्थक बना सकता है।

मेरा मानना है कि हर मनुष्य के भीतर एक गहरा सत्य छिपा होता है, जिसे खोजने की आवश्यकता होती है। यह पुस्तक उस आंतरिक यात्रा में एक छोटा सा प्रयास है। यह कोई दावा नहीं करती कि इसमें सभी उत्तर हैं, बल्कि यह एक निमंत्रण है कि हम सब मिलकर अपने भीतर झाँकें और जीवन के रहस्यों को समझने का प्रयास करें।

इस खंड में, मैंने उन मूलभूत अवधारणाओं को प्रस्तुत करने का प्रयास किया है जो इस पुस्तक के अगले भाग - अनुभवों - को समझने के लिए आवश्यक हैं। मैंने अंतरंग का अर्थ स्पष्ट करने की कोशिश की है, और मन, हृदय और दिमाग की भूमिका को समझाने का प्रयास किया है। मैंने यह भी बताया है कि इन तीनों के बीच संतुलन क्यों महत्वपूर्ण है और यह हमारे जीवन की गुणवत्ता को कैसे प्रभावित करता है।

यह परिचय आपको मेरी सोच की प्रक्रिया और इस पुस्तक के उद्देश्य को समझने में मदद करेगा। अब, मैं आपको अगले खंड में अपने कुछ निजी अनुभवों के बारे में बताना चाहूँगा, जिनसे मैंने महत्वपूर्ण सबक सीखे और जो मेरे इस दृष्टिकोण को आकार देने में सहायक रहे।

1

अंतरंग - मन, हृदय और दिमाग के विषय में

अंतरंग

अंतरंग शब्द का अर्थ है - भीतर का, आंतरिक, निजी, गहरा या घनिष्ठ। यह हमारे अस्तित्व के सबसे गहरे स्तर को इंगित करता है, जहाँ हमारी भावनाएँ, विचार, इच्छाएँ और आत्मा निवास करती हैं। यह वह स्थान है जहाँ हम स्वयं से सच्चे रूप में जुड़े होते हैं।

मन

मन एक अद्भुत और जटिल उपकरण है। यह विचारों, भावनाओं, स्मृतियों और कल्पनाओं का केंद्र है। यह लगातार बदलता रहता है, एक विचार से दूसरे विचार पर कूदता रहता है। मन अतीत की यादों और भविष्य की चिंताओं में उलझा रह सकता है, जिससे वर्तमान क्षण में शांति पाना कठिन हो जाता है। मन ही हमें सुख और दुख का अनुभव कराता है, और हमारी प्रतिक्रियाओं को निर्धारित करता है।

हृदय

हृदय केवल एक शारीरिक अंग नहीं है, बल्कि यह हमारी भावनाओं और प्रेम का प्रतीक भी है। यह करुणा, सहानुभूति, और गहरे जुड़ाव का अनुभव करने की क्षमता रखता है। हृदय की आवाज अक्सर मन की तार्किक आवाज़ से अलग होती है, और यह हमें सही और गलत के बीच भेद करने में मदद कर सकती है। यह हमारे मूल्यों और विश्वासों का केंद्र है।

❦

दिमाग

दिमाग हमारी बुद्धि, तर्क, और विश्लेषण का केंद्र है। यह सूचनाओं को संसाधित करता है, निर्णय लेता है, और समस्याओं को हल करता है। दिमाग हमें ज्ञान प्राप्त करने और दुनिया को समझने में सक्षम बनाता है। यह हमें योजना बनाने और लक्ष्यों को प्राप्त करने में मदद करता है।

❦

इन तीनों के सही तालमेल से जीवन की सुंदरता है

जीवन की सुंदरता मन, हृदय और दिमाग के बीच एक सामंजस्यपूर्ण संतुलन में निहित है। जब ये तीनों एक साथ मिलकर काम करते हैं, तो हम एक पूर्ण और उद्देश्यपूर्ण जीवन जी सकते हैं।

> *"मन को शांत और केंद्रित रखकर हम वर्तमान क्षण का आनंद ले सकते हैं।*
> *हृदय की सुनकर हम दूसरों के साथ गहरे संबंध बना सकते हैं और करुणा*
> *का अनुभव कर सकते हैं।*
> *दिमाग का उपयोग करके हम बुद्धिमानीपूर्ण निर्णय ले सकते हैं और*
> *अपने लक्ष्यों को प्राप्त कर सकते हैं।"*

जब मन, हृदय और दिमाग एक ही दिशा में संरेखित होते हैं, तो हमारे कार्यों में स्पष्टता, उद्देश्य और प्रेम होता है। यह संतुलन हमें चुनौतियों का सामना करने और जीवन की खुशियों का पूरी तरह से अनुभव करने की शक्ति देता है।

❦

अनुभव

अनुभव - अच्छे और बुरे होते हैं, पर उन अनुभवों को किस प्रकार से ग्रहण करना है, कैसे उनसे सीख लेकर आगे बढ़ना है यह हमारा चुनाव है। यही चुनाव विवेकपूर्ण होना चाहिए।

बचपन से ही मैंने आध्यात्मिक ग्रंथों का पठन-पाठन किया। ज्ञानवान लोगों से चर्चा करने में रुचि रखी, और अपने आस-पास सभी को देखते हुए, उनके जीवन प्रसंगों को ग्रंथों से मिलाने का प्रयास किया। एक चेष्टा मन में बनी रही, कि कैसे मनुष्य खुश रह सकता है, कैसे अपने उद्देश्य को प्राप्त कर सकता है।

जीवन में कई तरह के अनुभव हुए - सुखद और दुखद दोनों। कुछ अनुभव ऐसे थे जिन्होंने मुझे आनंद और संतोष से भर दिया, जबकि कुछ ने मुझे दुख और निराशा का सामना कराया। लेकिन समय के साथ मैंने यह महसूस किया कि प्रत्येक अनुभव, चाहे वह कितना भी कठिन क्यों न हो, अपने भीतर एक महत्वपूर्ण सबक छिपाए रखता है।

दुखद अनुभवों ने मुझे धैर्य, सहनशीलता और करुणा का महत्व सिखाया। उन्होंने मुझे अपनी कमजोरियों को पहचानने और उन्हें दूर करने की प्रेरणा दी। सुखद अनुभवों ने मुझे कृतज्ञता और आनंद का अनुभव कराया, और मुझे जीवन की सुंदरता को पहचानने में मदद की।

मैंने यह सीखा कि अनुभवों का मूल्य इस बात में नहीं है कि वे अच्छे हैं या बुरे, बल्कि इस बात में है कि हम उनसे क्या सीखते हैं और कैसे बढ़ते हैं। हर अनुभव हमें एक नया दृष्टिकोण देता है और हमें मजबूत बनाता है। यह हमारी पसंद है कि हम अनुभवों को बोझ के रूप में देखें या फिर विकास के अवसर के रूप में। विवेकपूर्ण चुनाव यही है कि हम हर अनुभव से सीखें और आगे बढ़ते रहें।

इन्हीं सभी अंतरंग विचारों का एक समूह यह किताब बन गया। यह मेरे भीतर की यात्रा का एक हिस्सा है, एक प्रयास है यह समझने का कि जीवन का अर्थ क्या है और हम कैसे एक सार्थक और खुशहाल जीवन जी सकते हैं। यह मेरे अनुभवों और अंतर्दृष्टि का एक संग्रह है, जिसे मैं दूसरों के साथ साझा करना चाहता हूँ, उम्मीद है कि यह किसी को अपने भीतर झाँकने और अपने जीवन को बेहतर बनाने के लिए प्रेरित करेगा।

अंतरंग - खंड 2: अनुभव

यह खंड मेरे जीवन के कुछ व्यक्तिगत अनुभवों पर आधारित है। ये अनुभव अच्छे और बुरे दोनों तरह के रहे हैं, और प्रत्येक ने मुझे कुछ न कुछ महत्वपूर्ण सिखाया है। मेरा मानना है कि जीवन में आने वाली हर परिस्थिति, हर मुलाकात और हर चुनौती हमें कुछ सिखाने के लिए आती है। यह हमारी पसंद है कि हम उन अनुभवों को कैसे ग्रहण करते हैं और उनसे क्या सीखते हैं।

बचपन से ही आध्यात्मिक ज्ञान की ओर मेरा झुकाव रहा। मैंने विभिन्न धार्मिक और दार्शनिक ग्रंथों का अध्ययन किया और कई ज्ञानवान लोगों के साथ बातचीत करने का अवसर मिला। इन सबसे मुझे जीवन के बारे में एक व्यापक दृष्टिकोण प्राप्त हुआ। मैंने देखा कि कैसे अलग-अलग लोग अपनी परिस्थितियों का सामना करते हैं और कैसे उनके विचार और भावनाएँ उनके जीवन को प्रभावित करती हैं।

मेरे अपने जीवन में भी कई ऐसे मोड़ आए जब मुझे सुख और दुख दोनों का अनुभव हुआ। कुछ अनुभव ऐसे थे जिन्होंने मुझे अपार खुशी और संतोष दिया, जबकि कुछ ऐसे भी थे जिन्होंने मुझे गहरी पीड़ा और निराशा से भर दिया। लेकिन हर अनुभव के बाद, मैंने रुककर यह सोचने की कोशिश की कि इससे मैंने क्या सीखा।

मैंने सीखा कि असफलताएँ अंत नहीं होतीं, बल्कि वे हमें अपनी गलतियों से सीखने और नए रास्ते खोजने का अवसर देती हैं। मैंने यह भी सीखा कि सफलता क्षणिक हो सकती है, और सच्ची खुशी भीतर की शांति और संतोष में निहित है।

मैंने करुणा और सहानुभूति का महत्व समझा। दूसरों के दुखों को देखकर मेरा हृदय द्रवित हुआ, और मैंने यह महसूस किया कि हम सब एक-दूसरे से जुड़े हुए हैं। दूसरों की मदद करने और उनके साथ सहानुभूति रखने से हमें न केवल उन्हें सहारा मिलता है, बल्कि हमारे अपने भीतर भी एक गहरा संतोष उत्पन्न होता है।

৹৵

विभिन्न मानसिक भावों का प्रदर्शन

मैंने यह भी अनुभव किया कि मन की शांति सबसे बड़ी संपत्ति है। विचारों के शोर और भावनाओं के उतार-चढ़ाव के बीच, अपने भीतर एक शांत स्थान खोजना अत्यंत महत्वपूर्ण है। ध्यान और आत्म-चिंतन ने मुझे इस शांति को पाने में मदद की।

यह खंड उन अनुभवों का एक संग्रह है जिन्होंने मेरे जीवन को आकार दिया है और मेरे विचारों को दृढ़ किया है। ये केवल मेरी कहानियाँ नहीं हैं, बल्कि ये उन सार्वभौमिक सत्यों को दर्शाने का एक प्रयास हैं जो हम सभी के जीवन में लागू होते हैं। मेरा उद्देश्य इन अनुभवों को साझा करके दूसरों को प्रेरित करना है कि वे भी अपने जीवन के अनुभवों से सीखें और एक अधिक जागरूक, उद्देश्यपूर्ण और खुशहाल जीवन जिएँ।

हर अनुभव एक शिक्षक है, और यदि हम खुले मन से सीखने को तैयार हैं, तो जीवन हमें अनमोल ज्ञान प्रदान करता रहता है। यह खंड उसी सीखने और बढ़ने की प्रक्रिया का एक हिस्सा है।

2

एक ज़िंदगी, दो परदे

हर बार कहीं गिरकर उठ जाने का रुआब रखता हूँ।
ज़माना तो तमाशबीन है —
तमाशा गिरने का हो या उठने का,
दोनों का मज़ा लेता है।— कुशल

हर बार जब मैंने जीवन की किसी ऊँचाई को छुआ, एक नई सफलता पाई — लोग
तालियाँ बजा रहे थे।
कभी मंच पर सम्मान मिला, कभी व्यापार में नाम कमाया, और कभी समाज में एक अलग
पहचान बनी।
हर बार लोग मुस्कुरा रहे थे, कंधों पर हाथ रखकर बधाइयाँ दे रहे थे, जैसे किसी हीरो की
जीत देख रहे हों।
लेकिन सफर सिर्फ़ कामयाबी का नहीं होता —
बीच-बीच में हारें भी आईं, ठोकरें भी मिलीं।
कभी विश्वासघात, कभी आर्थिक नुकसान, कभी अपनों से दूरी...
और तब भी वही लोग मुस्कुरा रहे थे —
पर इस बार उस मुस्कान में संवेदना नहीं,
एक तमाशाई का आनंद था।
तब मुझे पहली बार समझ आया —
यह जीवन एक चलचित्र (मूवी) जैसा है।
जहाँ दर्शक सिर्फ़ दृश्य बदलते हैं, भाव नहीं।
वो गिरने का तमाशा भी देखना चाहते हैं,
और उठने का संघर्ष भी।
कभी मेरी सफलता पर "वाह!" कहते, तो कभी मेरी विफलता पर "देखा?"।
उस दिन मैंने एक बात सीखी —
मंच पर खड़े कलाकार को तालियाँ और ताने दोनों सुनने होते हैं।
मगर जो हर बार गिरकर भी फिर से उठे — वही असली नायक होता है।
इसी सोच से मेरे भीतर एक पंक्ति जन्मी:
"हर बार कहीं गिरकर उठ जाने का रुआब रखता हूँ।
ज़माना तो तमाशबीन है —
तमाशा गिरने का हो या उठने का,
दोनों का मज़ा लेता है।"

৩

सीख:

ज़िंदगी एक मंच है, लोग दर्शक हैं — वे सिर्फ़ तमाशा देखते हैं।
गिरना और उठना दोनों तुम्हारा अपना अनुभव है।
इसलिए गिरो, सीखो, उठो — पर चलते रहो... क्योंकि नायक वही होता है जो अंत तक डटा
रहता है।

ज़िंदगी के सूत्र (Formulas of Life)

Sutra 1:

तालियाँ ≠ सच्चा साथ

→ केवल दृश्य बदलते हैं, भाव नहीं।

जो आज ताली बजा रहा है, कल तमाशा देखेगा — भाव बदलते नहीं।

❧

Sutra 2:

हर सफलता = "वाह!"

हर विफलता = "देखा!"

दुनिया का नजरिया तुम्हारे परिणाम से तय होता है, प्रयास से नहीं।

❧

Sutra 3:

(गिरना + उठना) × बारंबारता = असली नायक

नायक वो नहीं जो नहीं गिरा, नायक वो है जो बार-बार उठ खड़ा हुआ।

❧

Sutra 4:

दर्शक = तमाशबीन

→ उनका काम है देखना, तुम्हारा काम है चलना।

जो चल रहा है, वही कहानी लिख रहा है — बाकी सब सिर्फ़ पन्ने पलटते हैं।

❧

Sutra 5:

जीवन = मंच

तुम = कलाकार

→ तैयार रहो तालियों और तानों — दोनों के लिए।

मंच पर खड़ा हर व्यक्ति प्रशंसा और आलोचना दोनों के लिए तैयार रहता है।

❧

Sutra 6:

प्रशंसा + उपेक्षा ≠ स्थायी भाव

→ स्व-मूल्यांकन = सच्चा मार्गदर्शक

दूसरों की राय बदलती रहती है, मगर आत्म-जांच रास्ता दिखाती है।

❧

Sutra 7:

गिरना = अपरिहार्य

उठना ≠ वैकल्पिक → उठना = अनिवार्य

गिरना मानवता है, उठना नायकत्व है।

๑୭

Sutra 8:

(गिरना × अनुभव) + (उठना × साहस) = आत्म-विकास

हर गिरावट में अनुभव है, हर उठने में साहस — दोनों मिलकर इंसान को बड़ा बनाते हैं।

๑୭

Sutra 9:

तमाशा देखने वाले बदल सकते हैं

पर संघर्ष करने वाला जब तक न बदले — कहानी चलती रहती है।

दर्शक बदलते रहते हैं, लेकिन नायक जब तक मैदान में है, कहानी अधूरी नहीं।

๑୭

Sutra 10:

यदि (चलते रहो = TRUE), तो ⇒ (अंत में नायक = तुम)

रुकने का नाम हार है, चलते रहने का नाम जीत।

๑୭

3

रास्ता बदलने से नहीं, सोच बदलने से मंज़िल मिलती है

माना कि रास्ते कठिन हैं, मुश्किलें भी कई हैं।
मगर चलने वालों की, उम्मीदें भी नई हैं।।
हर पल में चुनौती है, समस्याएं बड़ी हैं।
ये आगे बढ़ने वालों के हौसलों की घड़ी है।।
बुलंदी पर पहुंचने की अगर ठान ली है।
फिर ये समां आपका है, सदी आपकी है।।

— कुशल

मैं अक्सर अपने आसपास देखता हूँ — लोग जब कठिन रास्तों से गुज़रते हैं, तो वे डर
जाते हैं।
रास्ता कठिन हो तो वे रास्ता ही बदल लेते हैं।
कभी कोई परीक्षा कठिन लगी, तो तैयारी छोड़ दी।
कभी कोई नौकरी मन मुताबिक़ नहीं लगी, तो रिज़ाइन कर दिया।
कभी व्यापार में शुरुआती घाटा हुआ, तो बिज़नेस बंद कर दिया।
यहाँ तक कि दोस्त से बहस हो गई, तो सालों पुरानी दोस्ती तोड़ दी।
मैंने अपने कुछ क़रीबी मित्रों को देखा, जिन्होंने बड़े जोश के साथ कोई नया काम शुरू
किया —
बिज़नेस, नया स्टार्टअप, या नई नौकरी।
लेकिन जैसे ही थोड़ी मुश्किलें आईं — ग्राहक नहीं मिले, टीम नहीं बनी, बॉस ने डांट दिया,
तो वे पीछे हट गए।
फिर वही लोग एक दिन ज़िंदगी को कोसते पाए गए —
"मेरे साथ ही क्यों?"
"मेरी क़िस्मत ही खराब है।"
लेकिन असल समस्या "रास्ता कठिन होना" नहीं थी।
समस्या यह थी कि उन्हें अपना उद्देश्य ही स्पष्ट नहीं था।
जब उद्देश्य ही धुंधला हो, तो राह की हर चुनौती एक पहाड़ लगती है।
और अगर लक्ष्य का पता हो भी, तो उसे पाने की जिद नहीं हो —
तो आधे रास्ते में ही ठहर जाना तय है।
मगर मैं मानता हूँ —
अगर बुलंदी तक पहुँचने की ठान ली जाए,
तो फिर रास्ता चाहे जितना भी कठिन क्यों न हो,
उस पर चलने का साहस अपने आप आ जाता है।
यह जीवन आसान नहीं है, पर हार मान लेना हल भी नहीं है।
जो ठानते हैं, वो चलते हैं।
जो चलते हैं, वही अंत में मंज़िल पाते हैं।

❧

सीख

ज़िंदगी से नहीं, अपनी सोच से लड़ो।
रास्ते बदलने से पहले अपने इरादों को मज़बूत करो।
यही वो लोग हैं जिनका ज़माना भी साथ देता है, और समय भी।

ज़िंदगी के सूत्र (Formulas of Life)

Sutra 1:

यदि उद्देश्य ≠ स्पष्ट, तो ⇒ दिशा = भ्रमित

जब उद्देश्य स्पष्ट नहीं होता, तो हर रास्ता भटकाव बन जाता है।

Sutra 2:

मुश्किलें × (इच्छा – ज़िद) = हार

यदि इच्छा से ज़्यादा ज़िद हो, तो मुश्किलें जीत जाती हैं।

Sutra 3:

इरादा ≥ चुनौती ⇒ सफलता संभव

यदि इरादा चुनौती से बड़ा हो, तो सफलता सुनिश्चित है।

Sutra 4:

लक्ष्य – ज़िद = अधूरी यात्रा

केवल लक्ष्य होना काफी नहीं, उसे पाने की ज़िद भी जरूरी है।

Sutra 5:

(साहस + निरंतरता) × समय = सफलता

साहस और निरंतर प्रयास समय के साथ मिलकर सफलता लाते हैं।

Sutra 6:

रास्ता कठिन ≠ रास्ता गलत

कठिन राहें अक्सर सही मंज़िल की ओर जाती हैं।

Sutra 7:

रास्ता कठिन + सही उद्देश्य = बुलंदी

जब रास्ता कठिन हो और उद्देश्य सच्चा, तब ऊँचाई निश्चित है।

Sutra 8:

समस्या / उद्देश्य = डर

उद्देश्य / समस्या = प्रेरणा

दृष्टिकोण बदलते ही समस्या भी प्रेरणा बन सकती है।

૭

Sutra 9:

(दोस्ती – सहनशीलता) = अकेलापन

दोस्ती में सहनशीलता कम हो जाए तो अकेलापन आ जाता है।

૭

Sutra 10:

क़दमों की निरंतरता + आत्म-विश्वास = मंज़िल की ओर प्रगति

लगातार चलते रहना और आत्म-विश्वास ही मंज़िल की ओर ले जाते हैं।

૭

Sutra 11:

(उद्देश्य × हौसला) / समय = जीवन की ऊँचाई

जो अपने हौसले से समय का सदुपयोग करता है, वही ऊँचाई छूता है।

૭

4

बिना शर्तों वाली दोस्ती

एक दोस्ती ऐसी भी, जिसमें शर्तें न हों।
ख़्वाहिशें आसमान सी, पर ख़र्चें न हों।।
हँसने का स्वरूप हो, मुस्कुराहट की आस हो,
न ग़म का ठहराव हो, खुशनुमा अंदाज़ हो,
न उम्र की बंदिश हो, अपनों सा प्यार अपार हो,
एक दोस्ती ऐसी भी, जिसमें शर्तें न हों।
ख़्वाहिशें आसमान सी, पर ख़र्चें न हों।।
हर डगर पर साथ हो, न मन मुटाव की बात हो,
सपनों की नगरी हो, हकीकत ख़ुश-रंग बहार हो,
सफ़र बेशुमार हो, हाथों में हाथ हो,
एक दोस्ती ऐसी भी, जिसमें शर्तें न हों।
ख़्वाहिशें आसमान सी, पर ख़र्चें न हों।।

— कुशल

मैंने हमेशा यह महसूस किया है कि दोस्ती में तकरार होना स्वाभाविक है, परंतु दिन समाप्त होने से पहले उन तकरारों का समाप्त हो जाना और फिर से साथ बैठकर मुस्कुराना ही सच्ची दोस्ती की पहचान है।

मैं सौभाग्यशाली रहा कि मुझे जीवन में ऐसे रिश्ते और लोग मिले जो केवल शब्दों में नहीं, बल्कि कर्मों में अपनेपन को साबित करते हैं।

मेरे अपने परिवार — मेरी माँ, मेरे पापा, मेरे बड़े भाई और भाभियाँ — और मेरी धर्मपत्नी, जिन्होंने हर परिस्थिति में मुझे संभाला, मेरा साथ निभाया।

इन सबके साथ, कुछ मित्र भी मिले जो रिश्तों से नहीं, दिल से जुड़े।

जो मेरे सुख-दुख में हमेशा साथ खड़े रहे।

उनके साथ मैं बड़े-बड़े सपने देख सकता हूँ, उम्मीदों की फूलवारी सजा सकता हूँ, और यह भरोसा कर सकता हूँ कि वो हर हाल में मेरे साथ हैं।

यही वो दोस्ती है, जिसमें कोई शर्त नहीं होती।

न कोई अपेक्षा, न कोई लेन-देन। बस एक भरोसा, एक साथ चलने की भावना।

❧

सीख

रिश्ते जब दिल से निभाए जाएं तो शर्तों की ज़रूरत नहीं होती।

सच्चे साथी वही होते हैं, जो आपके साथ सिर्फ हँसी में नहीं, आँसुओं में भी खड़े हों।

ज़िंदगी के सूत्र (Formulas of Life)

Sutra 1:

Conflict ≠ End

Takarar ≠ Duri

Takarar + Samvad = Samadhan

जहाँ संवाद होता है, वहाँ समाधान जरूर होता है।

Sutra 2:

True Relation = Constant × (Support in Good + Support in Bad)

Asli Rishta = स्थायी × (Sukh + Dukh mein Saath)

सच्चे रिश्ते वही हैं जो हर मौसम में साथ निभाएँ।

Sutra 3:

Dreams = Wings × (Trust + Togetherness)

Sapne = Udaan × (Vishwas + Saath)

सपनों को उड़ान देने के लिए विश्वास और साथ ज़रूरी है।

Sutra 4:

Conditional Relation < Unconditional Bond

Sharton wale Rishtay < Bina-Shart ke Rishte

बिना शर्त वाले रिश्ते अधिक गहरे और टिकाऊ होते हैं।

Sutra 5:

Happy Life = Σ (Selfless Relations × Time)

Khushi = Σ(Niswarth Rishton × Samay)

जितना समय आप निस्वार्थ रिश्तों में देते हैं, उतनी ही ज़िंदगी खूबसूरत होती जाती है।

5
उमंग का पतंग

उमंग-तरंग तू मस्त-मलंग,
तू कर कलरव सपनों के संग!
उगादि में थिरके अंग-अंग,
सपनों की है इक स्वर्द्रंग!
बुनता तू स्वप्न बिंदु गलतंग,
भयभीत नहीं, तू है मतंग।
नभस्पर्शी तू, जैसे रातंग,
ऊंचा उड़ता बनकर पतंग।
बंधन में नहीं, तू है स्वतंत्र,
करतब कर होकर तू स्वच्छंद।
उमंग-तरंग तू मस्त-मलंग,
तू कर कलरव सपनों के संग!
— कुशल

हर वर्ष जब उगादि आता है — नववर्ष की आहट मन के द्वार पर दस्तक देती है। हवा में एक अलग-सी ताजगी होती है, जैसे सृष्टि कह रही हो — "चलो, कुछ नया करें!"

उसी ताजगी के संग एक युवा अपने छत पर खड़ा था — आँखों में स्वप्न, हृदय में उमंग।

उसने एक पतंग उड़ाई — मगर वह पतंग केवल कागज़ नहीं थी, वह उसके मन की "कलरव" थी — जो उड़ान भरना चाहती थी, ऊँचाई छूना चाहती थी।

हर झोंका जैसे जीवन की किसी चुनौती का संकेत देता,

मगर वह युवक — जो "मस्त-मलंग" था, निडर था — अपने सपनों के संग मुस्कुराता रहा।

उसके भीतर थी एक अदृश्य शक्ति —

जिसे शब्दों में नहीं बाँधा जा सकता,

वो शक्ति थी: अपरिमित संभावना।

वह जानता था कि हर दिन सिर्फ तारीख बदलने का नाम नहीं,

बल्कि नया दिन एक नया अवसर है —

अपने आप को बेहतर बनाने का,

अपने भीतर के "मतंग" को पहचानने का,

जो भय से नहीं, विश्वास से चलता है।

हर सुबह वो एक वादा करता —

कि आज का दिन भी वैसे ही जियूँगा जैसे उगादि के दिन —

नई उमंग, नई तरंग, और स्वछंद उड़ान।

धीरे-धीरे, ये आदत बन गई।

अब हर दिन उसका उगादि था,

हर दिन उसका नववर्ष।

❧

सीख

हर दिन को उत्सव बनाओ।

हर सुबह अपने भीतर के साहस को जगाओ।

नभस्पर्शी सोच रखो, और ज़िंदगी को वैसी ही उड़ान दो जैसी पतंग को देता है एक बच्चा —

निर्भय, निःस्वार्थ, और आनंद से भरी।

ज़िंदगी के सूत्र (Formulas of Life)

Sutra 1:

हर दिन ≠ केवल तारीख

→ हर दिन = नया अवसर

नया दिन मतलब नई शुरुआत, हर सुबह खुद को एक और मौका दो।

Sutra 2:

(उमंग + सकारात्मक सोच) × निरंतरता = नई ऊँचाई

ऊर्जा को आदत बना दो, फिर ऊँचाइयाँ खुद-ब-खुद मिलेंगी।

Sutra 3:

उगादि जैसी भावना × 365 दिन = जीवन का उत्सव

त्योहार सिर्फ़ कैलेंडर पर नहीं, सोच में होना चाहिए।

Sutra 4:

(भय – साहस) < 0 ⇒ उड़ान संभव

अगर साहस भय से अधिक है, तो कोई रोक नहीं सकता।

Sutra 5:

(स्वप्न × विश्वास) + प्रयास = साकार जीवन

स्वप्न देखने से ज़्यादा ज़रूरी है, उन पर यक़ीन करके चलना।

Sutra 6:

(मस्त-मलंग सोच + स्वतंत्र उड़ान) = आत्म-प्रकाश

जब सोच मुक्त हो, तब आत्मा चमकने लगती है।

Sutra 7:

(सपनों का कलरव + साहस) ÷ आलस्य = सफलता की पतंग

जो उड़ता है, वही दिखता है।

Sutra 8:

मन की प्रसन्नता = (उद्देश्य + उमंग) / चिंता

जब उद्देश्य और उमंग एक साथ हो, तो चिंता फीकी लगती है।

6

शब्दों की साँस

जब शब्द की अपनी शक्ति खो देते हैं,
तब उन्हें इस्तेमाल करने वाले शख़्स की अपनी ताक़त
उन शब्दों में जान भर देती है।
— कुशल

अक्षर से शब्द बनते हैं, शब्दों से वाक्य, और वाक्यों से पैरा। यह तो हम सब जानते हैं। लेकिन इन शब्दों की असल क़ीमत कब तय होती है? जब वे केवल ज़ुबान से नहीं, अनुभव से निकलते हैं। जब वे किसी की ज़िंदगी का हिस्सा बन चुके होते हैं।

मैंने बचपन से सुना — "शब्दों में ताकत होती है।"

पर जब ज़िंदगी की गहराइयों में उतरा, तब जाना कि हर शब्द शक्तिशाली नहीं होता।

शब्द तब तक मृत होते हैं, जब तक उन्हें किसी चरित्र की खुशबू नहीं छूती।

यानी शब्द तभी जीवंत होते हैं, जब उनका प्रयोग करने वाला खुद कर्म में खरा उतरता है।

कुछ लोग होते हैं जो बस बोलते हैं...

घंटों बातें करते हैं, ज्ञान देते हैं, लेकिन जब जीवन में कुछ करने की बारी आती है — वो शब्दों से मुकर जाते हैं।

उनके शब्द हल्के लगते हैं, जैसे कोई खोखली बांसुरी बजा रहा हो।

लेकिन मेरे जीवन में मैंने कुछ ऐसे लोगों को देखा — मेरे गुरु, मेरे मार्गदर्शक, मेरे मेंटर्स।

वही शब्द, जो मैंने कई बार दूसरों से सुने थे — जब वे बोलते थे, तो दिल तक उतर जाते थे।

वो शब्द अब केवल अक्षर नहीं थे, वो उनके कर्मों की परछाई थे।

मैंने समझा —

जब शब्दों की अपनी शक्ति खत्म हो जाती है, तब उन्हें बोलने वाले के व्यक्तित्व की ताकत उन शब्दों में जान डालती है।

৩৩

सीख

शब्दों से पहले कर्म ज़रूरी है।

केवल बातें करने से प्रभाव नहीं पड़ता — शब्द तभी असर करते हैं जब उन्हें बोलने वाला खुद उन पर अमल करता हो।

सही व्यक्ति के द्वारा बोले गए छोटे शब्द भी बड़ी प्रेरणा बन जाते हैं।

ज़िंदगी के सूत्र (Formulas of Life)

Sutra 1:

शब्द = निर्जीव, यदि कर्म = शून्य
शब्दों की ताक़त तब तक अधूरी है, जब तक उन्हें कर्म की पुष्टि न मिले।

❦

Sutra 2:

(शब्द + अनुभव) × चरित्र = प्रभावशाली संवाद
जब अनुभव और मूल्य साथ होते हैं, तब शब्दों में आत्मा उतर आती है।

❦

Sutra 3:

बोलना – ज़िम्मेदारी = खोखले शब्द
शब्दों की ज़िम्मेदारी न ली जाए, तो वे बस गूंज बनकर रह जाते हैं।

❦

Sutra 4:

(शब्द ÷ आडंबर) × सच्चाई = आत्मिक जुड़ाव
दिखावे से मुक्त शब्द ही दिल तक पहुँचते हैं।

❦

Sutra 5:

यदि (कर्म = सत्य), तो ⇒ (शब्द = प्रामाणिक)
जब कर्म ही सच्चे हों, तो शब्दों को प्रमाण की ज़रूरत नहीं रहती।

❦

Sutra 6:

Mentor के शब्द > सामान्य शब्द, क्योंकि
→ शब्द + आस्था = प्रेरणा
जिन पर भरोसा होता है, उनके शब्द सीधा आत्मा को छूते हैं।

Sutra 7:

शब्दों की गूंज ∝ वक्ता का चरित्र
प्रभावशाली शब्द वही जिनका जीवन भी उतना ही सच्चा हो।

Sutra 8:

अधिक बोलना ≠ अधिक प्रभाव
→ बोलना × सच्चाई × भावना = स्थायी असर
कम शब्दों में भी गहरा असर, यदि उनमें भाव और सच हो।

Sutra 9:

शब्दों का मूल्य = (कर्म × अनुभव) / दिखावा
जितना अनुभव और कर्म, उतनी गहराई — दिखावे से घटती है कीमत।

Sutra 10:

यदि (शब्द = अनुभवजन्य), तो ⇒ (प्रभाव = स्थायी)
जो शब्द जीवन से निकले हों, वे ही जीवन बदल सकते हैं।

7

मन के ज़ख्म और नासूर

छोटे छोटे ज़ख्म ध्यान न देने से कब नासूर बन जाते हैं पता नहीं लगता।
इसलिए उपचार भी समय रहते करना उचित है।
— कुशल

कुशल शर्मा

रवि एक शांत स्वभाव का युवक था। देखने में सब कुछ सामान्य था — नौकरी, परिवार, दोस्त। पर जो चीज़ें दिखती हैं, ज़रूरी नहीं कि वो पूरी सच्चाई बयां करती हों। रवि के भीतर कई ऐसे ज़ख्म थे जिन्हें वह नज़रअंदाज़ करता चला गया। ये ज़ख्म शारीरिक नहीं थे, बल्कि मानसिक और भावनात्मक थे — बचपन की अनदेखी, आलोचनाओं के घाव, विश्वासघात की चुप्पी और असफलताओं की चुभन।

रवि हमेशा सोचता कि "चलो, छोड़ो... बीत गया तो गया।" मगर इन ज़ख्मों का इलाज उसने कभी नहीं किया। न किसी से बात की, न खुद से। धीरे-धीरे वे ज़ख्म नासूर बन गए। रवि छोटी-छोटी बातों पर चिढ़ने लगा, असुरक्षा की भावना ने उसे घेर लिया, और उसके रिश्तों में तनाव पनपने लगा।

एक दिन उसकी मुलाकात अपने पुराने कॉलेज प्रोफेसर से हुई। प्रोफेसर ने उसे देखा और मुस्कराते हुए कहा,

"रवि, अगर शरीर पर चोट लग जाए, तो हम पट्टी कराते हैं। पर मन के घावों को हम नजरअंदाज़ कर देते हैं। ये अंदर ही अंदर हमें तोड़ते रहते हैं।"

यह वाक्य रवि के दिल में उतर गया।

उसी दिन से रवि ने आत्म-मंथन शुरू किया। उसने मनोवैज्ञानिक से सलाह ली, ध्यान (meditation) को अपनाया, और अपने पुराने अनुभवों को स्वीकारते हुए उन्हें heal करना शुरू किया। उसने जाना कि —

"छोटे छोटे ज़ख्म ध्यान न देने से कब नासूर बन जाते हैं, पता नहीं लगता। इसलिए उपचार भी समय रहते करना उचित है।"

रवि ने ना सिर्फ़ अपने ज़ख्मों को भरा, बल्कि दूसरों को भी समझाने लगा कि सकारात्मक सोच, आत्म-विश्लेषण और सही मार्गदर्शन ही मानसिक स्वास्थ का मूल मंत्र है।

आज वह खुद को पहले से कहीं ज़्यादा हल्का, सकारात्मक और ऊर्जा से भरा हुआ महसूस करता है।

৩

सीख
सच्चा साहस ज़ख्म छिपाने में नहीं, उन्हें स्वीकार कर ठीक करने में है।

ज़िंदगी के सूत्र (Formulas of Life)

Sutra 1:

छोटे ज़ख्म ≠ छोटे प्रभाव

→ अनदेखा ज़ख्म × समय = नासूर

भावनात्मक चोटें अगर समय रहते नहीं समझी गईं, तो वे जीवन की गहराई में उलझनें पैदा कर सकती हैं।

Sutra 2:

(चोट + स्वीकार) × मार्गदर्शन = उपचार

मन का उपचार तभी संभव है जब हम अपनी टूटन को स्वीकारें और सही व्यक्ति से मार्गदर्शन लें।

Sutra 3:

गलत सोच × वर्षों की आदत = जीवन की उलझन

मन की सफाई भी उतनी ही ज़रूरी है जितनी शरीर की।

Sutra 4:

(आत्म-मूल्यांकन + सकारात्मक सोच) × जागरूकता = मानसिक शुद्धता

अपने विचारों की दिशा को समय-समय पर जांचना भी आत्मिक विकास का हिस्सा है।

Sutra 5:

यदि (घाव = अनदेखा), तो ⇒ (मन = पीड़ित)
→ यदि (उपचार = समय पर), तो ⇒ (मन = शांत)
स्वस्थ मन = संतुलित जीवन

❧

8

निश्छल प्रेम की राह

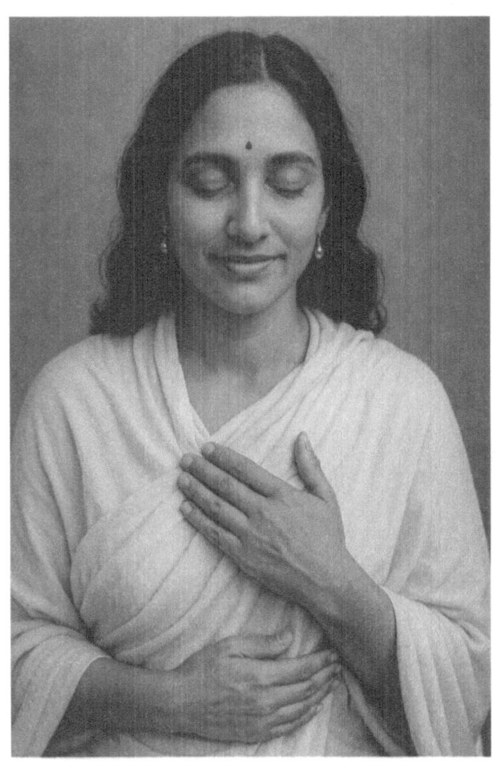

तुम मीत हो, तुम गीत हो,
तुम सुकून का संगीत हो,
तुम पवित्र पावन प्रीत हो,
तुम फ़िज़ा में फैली रीत हो।
तुम पास हो, तुम ख़ास हो,
तुम दिल की धड़कन, साँस हो,
तुम पहेलियों का राज़ हो,
तुम हर घड़ी में ख़ास हो।
— कुशल

गाँव के एक शांत कोने में रहती थी एक लड़की—आराध्या। उसकी आँखों में एक अलग ही चमक थी, मानो उसने जीवन को किसी और दृष्टिकोण से देखा हो। उसके लिए प्रेम का अर्थ महज़ किसी को पसंद कर लेना नहीं था, वह जानती थी कि प्रेम और आकर्षण में बड़ा अंतर होता है।

जब भी लोग उससे प्रेम के बारे में पूछते, वह मुस्कुरा देती और कहती,
"जब प्रेम हो, तो वह निर्मल होना चाहिए—जैसे नदी का जल जो हर किसी को बिना भेदभाव के शीतलता देता है।"

वह जानती थी कि प्रेम की पहचान शुद्धता में है, न कि उत्तेजना या अस्थायी मोह में।

फिर उसकी मुलाकात हुई आरव से। कोई पहली नज़र का प्यार नहीं था, पर जैसे-जैसे संवाद बढ़ा, एक सच्चा, स्थिर, और निःस्वार्थ प्रेम पनपने लगा।

धीरे-धीरे आराध्या ने महसूस किया कि वह आरव के लिए न केवल अपने मन, बल्कि तन और जीवन की भी पूर्ण आहुति देने को तैयार है।

समर्पण आ गया था।

दिल की हर धड़कन में अब मनमीत की चिंता और प्रेम था।

उनका रिश्ता विवाह में बंध गया, लेकिन प्रेम की गरिमा बनी रही।

आराध्या कहती थी,
"जब प्रेम पति-पत्नी के बीच सच्चा होता है, तो वह एक पवित्र साधना बन जाता है।"

वर्षों बीत गए...

एक दिन, अकेले बैठकर ध्यान करते हुए आराध्या ने अपने भीतर एक और स्तर का प्रेम महसूस किया—ईश्वर के प्रति प्रेम।

यह प्रेम अलग था।

न उसमें अपेक्षा थी, न भय।

सिर्फ श्रद्धा और आत्मिक एकता।

अब उसके लिए सब कुछ बदल चुका था।

दुनिया वैसी ही थी, पर उसे सब कुछ धुले हुए रंगों की तरह हल्का और सौम्य लगता था।

वह कहती थी,
"जब प्रेम ईश्वर से जुड़ जाता है, तो जीवन से बोझ हट जाता है।
फिर इंसान निश्चिंत होकर अपनी दिनचर्या में रम जाता है—बिना किसी भय या अपेक्षा के।"

और इस तरह आराध्या की कहानी हमें सिखा गई—

कि प्रेम की सबसे सुंदर अवस्था तब होती है, जब वह शुद्ध, समर्पणपूर्ण और ईश्वरमयी हो जाता है।

ज़िंदगी के सूत्र (Formulas of Life)

Sutra 1

प्रेम = शुद्धता + निःस्वार्थता

→ यदि (प्रेम ≠ अपेक्षा), तो प्रेम = सच्चा

૭૦

Sutra 2

प्रेम – आकर्षण = स्थायित्व

→ आकर्षण अल्पकालिक है, प्रेम दीर्घकालिक

૭૦

Sutra 3

(प्रेम × समर्पण) + विश्वास = आत्मिक जुड़ाव

→ जहाँ मन, तन, और आत्मा एक हो जाएँ

૭૦

Sutra 4

पति-पत्नी का प्रेम = (संसारिक जीवन × साधना भाव)

→ रिश्ता बनता है एक पवित्र यात्रा

૭૦

Sutra 5

(ईश्वर × प्रेम) = परम शांति

→ जब प्रेम अलौकिक हो जाए, तब चिंता समाप्त

૭૦

Sutra 6

प्रेम ∝ मन की निर्मलता
→ मन जितना शुद्ध, प्रेम उतना सच्चा

Sutra 7

(धड़कन + साँस) × समर्पण = मनमीत के प्रति पूर्ण भाव
→ प्रेम केवल भावना नहीं, सम्पूर्ण जीवन शैली है

9

तारीफ़ों का बोझ

कहाँ बोझ उठाए फिरते हो तारीफ़ों के?
जनाज़े हल्के ही अच्छे लगते हैं,
चार कंधों पर!
— कुशल

रवि एक युवा कॉर्पोरेट प्रोफेशनल था। स्मार्ट, तेज़, और हमेशा सबसे आगे निकलने की होड़ में लगा हुआ। सोशल मीडिया पर उसका एक-एक पोस्ट, एक-एक तस्वीर, सैकड़ों लाइक्स बटोरती। उसके हर दूसरे शब्द पर उसके सहकर्मी "वाह-वाह" करते। तारीफ़ें उसकी ऑक्सीजन थीं — जितनी मिलती, उतना वो और फैलता जाता।

धीरे-धीरे रवि को लगने लगा कि वो बाक़ियों से बेहतर है। उसे कोई टोक दे, सलाह दे या आलोचना करे — तो उसे लगता जैसे किसी ने उसकी "महानता" को चोट पहुँचा दी हो। वो चिढ़ जाता, झुंझला जाता और अपने 'रुतबे' की ढाल लेकर सबको छोटा सिद्ध करने में लग जाता।

एक दिन, ऑफिस की एक मीटिंग में रवि ने एक गलत निर्णय लिया, जिससे क्लाइंट को नुक़सान हुआ। टीम के एक सीनियर ने उसे विनम्रता से समझाया, "रवि, गलती हो गई है, हम सब सीखते हैं।"

पर रवि को यह भी तारीफ़ ना लगी — उसे आलोचना लगी।

उसी शाम, ऑफिस छोड़ते वक्त उसका दोस्त अर्जुन बोला —

"भाई, तू बोझ ढो रहा है।"

रवि चौंका, "कौन सा बोझ?"

अर्जुन मुस्कुराया, "तारीफ़ों का।"

"भाई, देख —

'कहाँ बोझ उठाए फिरते हो तारीफ़ों के?

जनाज़े हल्के ही अच्छे लगते हैं, चार कंधों पर!'

मतलब ये कि ज़िंदगी को इतना भी गंभीर मत बना कि तारीफ़ें ही तेरा वजन बन जाएँ।"

रवि पहली बार चुप हुआ। रातभर उसने सोचा।

कितनी बार उसने सिर्फ़ दूसरों की वाहवाही पाने के लिए बेवजह खुद को थकाया था।

कितनी बार उसने अपनी ग़लतियों को नहीं माना क्योंकि 'मैं तो सबका पसंदीदा हूँ' की छवि को टूटने नहीं देना चाहता था।

वो समझ गया —

तारीफ़ वो फूल हैं जो पलभर महकते हैं,

पर चरित्र वो ख़ुशबू है जो बिना कहे भी महसूस की जाती है।

अगले दिन से रवि में बदलाव दिखने लगा।

अब वो कम बोलता, ज़्यादा सुनता।

अब वो तारीफ़ों पर फूलता नहीं, आलोचनाओं पर बिगड़ता नहीं।

क्योंकि अब उसे समझ आ गया था —

ज़िंदगी में सबसे ज़रूरी है "हल्का" बने रहना... ताकि एक दिन जब जाना हो, तो बोझ न लगे — चार कंधों पर भी।

ज़िंदगी के सूत्र (Formulas of Life)

Sutra 1

तारीफ़ ≠ आत्म-मूल्यांकन

→ आत्म-मूल्य = कर्म + विवेक

৩৩

Sutra 2

अहंकार + प्रशंसा = पतन की शुरुआत

৩৩

Sutra 3

गहराई = (मौन × आत्मचिंतन) / दिखावा

৩৩

Sutra 4

सच्चा प्रेम = समर्पण × समझ × शुद्धता

৩৩

Sutra 5

मन की शांति = (स्वीकृति + क्षमा) – अपेक्षा

৩৩

Sutra 6

प्रगति = (स्व-अनुशासन + सीखने की भूख) / समय

৩৩

Sutra 7

दुख = वास्तविकता – हमारी कल्पनाएँ

৩৩

Sutra 8

विकास = (संकट × धैर्य) + सकारात्मक दृष्टिकोण

◌◌

Sutra 9

बड़ा बनने का रास्ता = (सेवा + नम्रता) × निरंतर प्रयास

◌◌

Sutra 10

असली सौंदर्य = हृदय की सजगता + आँखों की विनम्रता

◌◌

10
नींव से ऊँचाई तक

ऊँचाइयों को ढूंढने वालों,
अपनी गहराई भी संभालो।
हवाई इमारत ज़्यादा देर नहीं टिकती,
उन्हें मज़बूत नींव की ज़रूरत होती है।
— कुशल

कभी एक गांव में आरव नाम का एक नौजवान रहता था। वह बचपन से ही बड़ा आदमी बनने का सपना देखा करता था। उसे लगता था कि बड़ी गाड़ी, बड़ा बंगला और नाम की शोहरत ही असली सफलता है।

समय बीता, आरव शहर आया। उसने एक मल्टीनेशनल कंपनी में नौकरी की और दिन-रात मेहनत की। वह टारगेट पूरे करता गया, प्रमोशन पाता गया, और अपने नाम के आगे बड़े-बड़े टाइटल्स जोड़ता गया। लेकिन इन सबके बीच, धीरे-धीरे कुछ छूटता गया — उसके अपने मूल्य, उसकी सादगी, और उसका वास्तविक उद्देश्य।

एक दिन, उसे एक स्कूल से बुलावा आया जहाँ वह बचपन में पढ़ा करता था। वहाँ छोटे-छोटे बच्चों ने उससे सवाल पूछा —

"सर, आपने इतनी ऊँचाई पाई, पर आपको सबसे ज़्यादा ख़ुशी किस चीज़ से मिली?"

आरव कुछ पल चुप रहा। फिर उसने जवाब दिया —

"सच कहूँ तो, ऊँचाई तो मैंने पाई, लेकिन अब लगता है जैसे नींव ही कहीं खो गई। मैंने अपने मूल्यों से समझौता किया, परिवार से दूरी बना ली, और उस मिशन को भूल गया जिसकी वजह से मैंने सफर शुरू किया था।"

बच्चों की मासूम आँखों में सवाल थे, और आरव के मन में एक हलचल। उसी दिन उसने निर्णय लिया —

अब वह सिर्फ लक्ष्य नहीं, अर्थपूर्ण जीवन की ओर बढ़ेगा। अब वह न सिर्फ आगे बढ़ेगा, बल्कि दूसरों को भी साथ लेकर चलेगा। उसने अपने पुराने सपनों की याद ताज़ा की, और नए विज़न, मकसद, और मूल्यों के साथ एक नई शुरुआत की।

ज़िंदगी के सूत्र (Formulas of Life)

Sutra 1

सफलता = लक्ष्य + उद्देश्य + मूल्य

(Success = Goal + Purpose + Values)

◌

Sutra 2

खुशी = संतोष × कृतज्ञता

(Happiness = Contentment × Gratitude)

◌

Sutra 3

असली ऊँचाई = बाहरी ऊँचाई ÷ आंतरिक गहराई

(True Height = External Height ÷ Internal Depth)

◌

Sutra 4

प्रेरणा = (विजन + जुनून) × धैर्य

(Inspiration = (Vision + Passion) × Patience)

◌

Sutra 5

शांति = (स्वीकृति + क्षमा) ÷ अपेक्षाएं

(Peace = (Acceptance + Forgiveness) ÷ Expectations)

◌

Sutra 6

समर्पण = (मन + तन + धन) × प्रेम

(Devotion = (Mind + Body + Wealth) × Love)

◌

Sutra 7

अहंकार = सफलता ÷ विनम्रता

(Ego = Success ÷ Humility)

෴

Sutra 8

सच्चा रिश्ता = समझ × समर्पण × संवाद

(True Relationship = Understanding × Dedication × Communication)

෴

Sutra 9

अशांति = अपेक्षाएं – यथार्थता

(Restlessness = Expectations – Reality)

෴

Sutra 10

स्थिरता = आत्मबोध + मूल्यों की दृढ़ता

(Stability = Self-awareness + Strength of Values)

෴

11

रुकना मना है

कुशल शर्मा

फ़िक्र मत करो, मैं चलता रहूंगा।

एक आस का दिया लिए,
तेरी बुझती लौ को लौ दिये,

माना कि अंत मेरा भी होगा,
शरीर एक दिन शिथिल हो रुकेगा,

मगर फिर भी, मैं चलता रहूंगा,
चिराग में शमां बन, जलता रहूंगा।

मैं चलता रहूंगा, चलता रहूंगा।
— कुशल

वो लड़का कोई खास नहीं था।
न कोई चमकदार प्रोफ़ाइल,
न कोई हाईलाइटेड इंस्टाग्राम स्टोरी।
बस एक बात थी उसमें — "चलते रहने की आदत।"
नाम — कबीर।
क्लास में कभी टॉपर नहीं था,
पर सवाल पूछने से कभी झिझका नहीं।
खेलों में कोई मेडल नहीं लाया,
पर हर बार आख़िरी तक मैदान में डटा रहा।
लोगों को वो "औसत" लगता था।
मगर उसकी सोच अलौकिक थी।
एक दिन लैब में प्रोजेक्ट के दौरान मशीन ने काम करना बंद कर दिया।
टीम ने हार मान ली।
पर कबीर ने धीरे से कहा —
"फ़िक्र मत करो, मैं चलता रहूंगा।"
उसने सिस्टम को खोला, फिर से कोड लिखा, फिर ट्राय किया।
रात के तीन बजे मशीन चल पड़ी।
सब चौंके, पर वो मुस्कुराया।
उसकी आंखों में नींद नहीं, उम्मीद थी।
किसी ने पूछा —
"इतनी मेहनत क्यों? किसके लिए?"
कबीर ने जवाब दिया —
"एक आस का दिया लिए,
तेरी बुझती लो को लो दिए।"
कॉम्पिटिशन हारे,
इंटरव्यू रिजेक्ट हुआ,
सपनों की दीवारों पर कई दरारें आईं।
पर वो रुका नहीं।
हर ठोकर को उसने प्रैक्टिस मान लिया।
हर अस्वीकार को एक नए "हाँ" की सीढ़ी।
कबीर जानता था —
"माना कि अंत मेरा भी होगा,
शरीर एक दिन शिथिल हो रुकेगा,"

पर उससे पहले,
वो अपना नाम नहीं —
अपना निशान छोड़ जाना चाहता था।
और तब,
वो किसी मीटिंग रूम में नहीं,
किसी शोरूम या मंच पर नहीं,
बल्कि एक छोटी सी क्लासरूम में खड़ा था —
जहां वो बच्चों को कोडिंग सिखा रहा था।
उन बच्चों की आंखों में वही चमक थी,
जो कभी उसकी आंखों में थी।
वो अब कबीर सर था।
"मगर फिर भी, मैं चलता रहूंगा,
चिराग में शमां बन, जलता रहूंगा।
मैं चलता रहूंगा, चलता रहूंगा।"

ज़िंदगी के सूत्र (Formulas of Life)

Sutra 1
Sustainability Formula:
Consistency × Effort ≥ Success
निरंतर प्रयास, सफलता के समीकरण की मूल कुंजी है।

૦∾૭

Sutra 2
Resilience Equation:
$Failure^n$ + Hope ≠ End
(जब n ∈ Natural Numbers)
बार-बार की असफलता भी अंत नहीं है, अगर उम्मीद जीवित है।

૦∾૭

Sutra 3
Purpose Propagation:
Value × Shared Knowledge = Legacy
ज्ञान को बांटने से ही विरासत बनती है।

૦∾૭

Sutra 4
Self-Growth Equation:
(Curiosity + Discipline) × Time = Evolution
जिज्ञासा और अनुशासन का संगम समय के साथ आत्म-विकास में बदलता है।

૦∾૭

Sutra 5
Progress Inequality:
Progress ≥ Comfort Zone Break
तरक्की वहीं शुरू होती है जहाँ आप अपने आराम क्षेत्र को तोड़ते हैं।

૦∾૭

Sutra 6
Inspiration Flow:
Inspiration = (Passion + Purpose) ÷ Ego
जब जुनून और उद्देश्य को अहंकार से मुक्त किया जाए, तभी सच्ची प्रेरणा मिलती है।

Sutra 7
Impact Equation:
Effort^Persistence = Impact
लगातार प्रयासों की ताक़त गहरा प्रभाव छोड़ती है।

उपसंहार (epilogue)

इस पुस्तक की प्रत्येक कहानी, हर पंक्ति और हर सूत्र जीवन के किसी न किसी मोड़ से
उपजी है — जहाँ कभी मुस्कान थी, कभी आँसू, कभी ठोकर, और कभी उड़ान।
इन अनुभवों में नायक कोई और नहीं, हम सब हैं।
कभी आप इन पंक्तियों में खुद को पाएँगे, तो कभी किसी अपने को।
यदि इन कहानियों से आपको नई दिशा, नई दृष्टि या थोड़ी सी भी प्रेरणा मिली हो — तो
यही इस प्रयास की सार्थकता है।

परिशिष्ट (appendix)

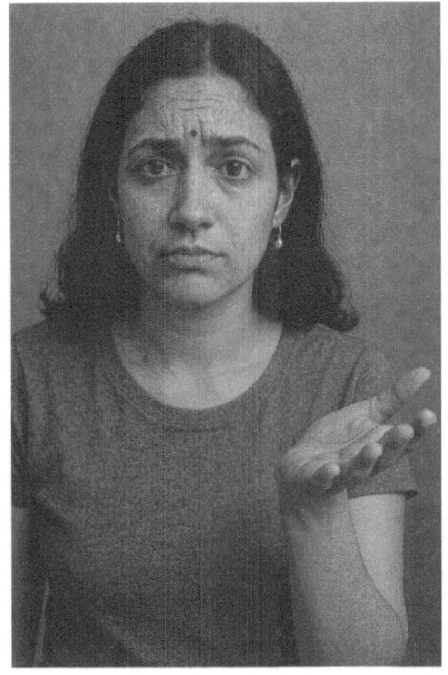

"अंतरंग" पाठ के आधार पर स्वयं पर विचार करने के लिए यहाँ एक प्रश्नावली दी गई है:

अंतरंग: स्वयं पर विचार करने के लिए प्रश्नावली

अंतरंग का अर्थ

- आपके लिए "अंतरंग" शब्द का क्या अर्थ है? आप अपने जीवन के किस पहलू को सबसे अंतरंग मानते हैं?
- क्या आप मानते हैं कि आप स्वयं से सच्चे रूप में जुड़े हुए हैं? यदि हाँ, तो कैसे? यदि नहीं, तो आपको क्या लगता है कि इसकी वजह क्या है?

मन की व्याख्या

- आप अपने मन का वर्णन कैसे करेंगे? क्या यह शांत और स्थिर रहता है, या लगातार विचारों से भरा रहता है?
- क्या आप अक्सर अतीत की यादों या भविष्य की चिंताओं में खोए रहते हैं? यदि हाँ, तो इससे आपके वर्तमान क्षण पर क्या प्रभाव पड़ता है?
- आप अपने मन को शांत और केंद्रित रखने के लिए क्या करते हैं? क्या ये प्रयास प्रभावी होते हैं?
- क्या आप मानते हैं कि आपका मन आपके सुख और दुख का कारण बनता है? कैसे?

हृदय के विषय में

- आप "हृदय" शब्द से क्या समझते हैं? क्या यह सिर्फ एक भावना का अंग है, या इससे बढ़कर कुछ?
- क्या आप मानते हैं कि आप अपनी भावनाओं और दूसरों की भावनाओं के प्रति संवेदनशील हैं?
- क्या आप अक्सर अपने हृदय की आवाज सुनते हैं, खासकर जब यह आपके मन की तार्किक आवाज से अलग होती है?

- क्या आपके जीवन में ऐसे निर्णय रहे हैं जो आपने तर्क से नहीं, बल्कि अपनी भावनाओं के आधार पर लिए हैं? उनका परिणाम क्या रहा?
- आप करुणा और सहानुभूति को कितना महत्व देते हैं? क्या आप इन्हें अपने जीवन में अभ्यास करते हैं?

दिमाग के विषय में

- आप अपनी बुद्धि और तर्क क्षमता का मूल्यांकन कैसे करेंगे?
- क्या आप मानते हैं कि आप सूचनाओं को अच्छी तरह से संसाधित कर पाते हैं और बुद्धिमानीपूर्ण निर्णय ले पाते हैं?
- क्या आप नई चीजें सीखने और दुनिया को समझने में रुचि रखते हैं?
- आप अपनी समस्याओं को हल करने के लिए अपने दिमाग का उपयोग कैसे करते हैं?
- क्या आप मानते हैं कि आप अपने लक्ष्यों को प्राप्त करने के लिए योजना बनाने और उसे क्रियान्वित करने में सक्षम हैं?

मन, हृदय और दिमाग का तालमेल

- क्या आपको लगता है कि आपके मन, हृदय और दिमाग के बीच संतुलन है? यदि हाँ, तो यह आपके जीवन को कैसे प्रभावित करता है? यदि नहीं, तो आपको क्या लगता है कि असंतुलन का कारण क्या है?
- क्या आपके जीवन में ऐसे क्षण आए हैं जब आपके मन, हृदय और दिमाग ने एक ही दिशा में काम किया हो? उस अनुभव का वर्णन करें।
- आप अपने जीवन में इन तीनों के बीच अधिक सामंजस्य स्थापित करने के लिए क्या कर सकते हैं?

अनुभव

- अपने कुछ सुखद अनुभवों का वर्णन करें और बताएं कि उन्होंने आपको क्या सिखाया।
- अपने कुछ दुखद अनुभवों का वर्णन करें और बताएं कि उनसे आपने क्या सीखा और

आप कैसे आगे बढ़े।

- क्या आप मानते हैं कि हर अनुभव में सीखने के लिए कुछ होता है?
- क्या आप अपने अनुभवों को बोझ के रूप में देखते हैं या विकास के अवसर के रूप में? क्यों?
- आप अपने जीवन के अनुभवों से सीखकर आगे बढ़ने के लिए सचेत प्रयास करते हैं? यदि हाँ, तो कैसे?
- "विवेकपूर्ण चुनाव" से आप क्या समझते हैं? क्या आप मानते हैं कि आपने अपने जीवन में विवेकपूर्ण चुनाव किए हैं?
- आपके आध्यात्मिक ग्रंथों के पठन और ज्ञानवान लोगों से चर्चा ने आपके जीवन के अनुभवों को समझने में कैसे मदद की है?
- आपके अनुसार, मनुष्य खुश कैसे रह सकता है और अपने उद्देश्य को कैसे प्राप्त कर सकता है? आपके अपने अनुभव इस बारे में क्या बताते हैं?

यह प्रश्नावली आपको अपने अंतरंग विचारों और अनुभवों पर गहराई से विचार करने में मदद करेगी। आप इन प्रश्नों के उत्तर लिखकर या मनन करके स्वयं को बेहतर ढंग से समझ सकते हैं।

शब्दावली (glossary)

अंतरंग - भीतर का, आंतरिक, निजी, गहरा

अस्तित्व - विद्यमानता, होना

इंगित - संकेत करना, जताना

जटिल - पेचीदा, उलझा हुआ

स्मृतियाँ - यादें

कल्पनाएँ - कल्पना करने की क्रिया या भाव

उलझा - फंसा हुआ

तार्किक - तर्क से संबंधित, युक्तिसंगत

विश्लेषण - जाँच, मीमांसा

संसाधित - प्रक्रिया करना, प्रबंधित करना

सामंजस्यपूर्ण - सुसंगत, मेल खाता हुआ

निहित - शामिल, विद्यमान

उद्देश्यपूर्ण - लक्ष्य से भरा हुआ, सार्थक

संरेखित - एक रेखा में व्यवस्थित, एक साथ लाना

विवेकपूर्ण - समझदारी से भरा, बुद्धिमानी

आध्यात्मिक - अध्यात्म से संबंधित, धार्मिक

पठन-पाठन - पढ़ना और पढ़ाना

ज्ञानवान - ज्ञानी, विद्वान

चेष्टा - कोशिश, प्रयास

दृष्टिकोण - नजरिया, देखने का तरीका

कृतज्ञता - आभार, एहसान मानना

सार्थक - अर्थपूर्ण, उद्देश्यपूर्ण

अंतर्दृष्टि - गहरी समझ, भीतरी ज्ञान

प्रेरित - प्रोत्साहित, उत्साहित

व्यथित - दुखी, परेशान

आधारित - बुनियाद रखना, आश्रित

महत्वपूर्ण - जरूरी, आवश्यक

परिस्थिति - हालत, दशा

चुनौती - ललकार, आह्वान

ग्रहण - स्वीकार करना, लेना

झुकाव - प्रवृति, रुझान

दार्शनिक - दर्शनशास्त्र से संबंधित

व्यापक - विस्तृत, विशाल

प्रभावित - असर डालना, प्रभावित करना

अनुभव - महसूस करना, जानना

अपार - बहुत अधिक, असीम

निराशा - उम्मीद खो देना, हताशा

कोशिश - प्रयत्न, प्रयास

असफलताएं - नाकामयाबी, विफलता

अंतर्निहित - भीतर स्थित, शामिल

करुणा - दया, तरस

सहानुभूति - हमदर्दी, संवेदना

द्रवित - पिघला हुआ, दया से भरा

एकांत - अकेलापन, सुनसान

अत्यंत - बहुत अधिक, बेहद

आत्म-चिंतन - स्वयं का विचार करना, आत्मनिरीक्षण

आकार - रूप देना, बनाना

दृढ़ - मजबूत, स्थिर

सार्वभौमिक - सभी जगह व्याप्त, सार्वकालिक

लागू - प्रभावी करना, अमल में लाना

जागरूक - सचेत, होश में

उद्देश्यपूर्ण - लक्ष्य से भरा, सार्थक

अनमोल - बहुमूल्य, कीमती

प्रक्रिया - विधि, प्रणाली

रुबाब - प्रभाव, दबदबा

तमाशबीन - दर्शक, देखने वाला

कायमाबी - सफलता, सिद्धि

विश्वासघात - धोखा, दगा

आर्थिक - वित्त से संबंधित

संवेदना - सहानुभूति, संवेदना

चलचित्र - सिनेमा, मूवी

दर्शक - देखने वाला, श्रोता

संघर्ष - कठिनाई, विरोध

कलाकार - अभिनेता, प्रदर्शन करने वाला

तालियाँ - प्रशंसा की ध्वनि

ताने - व्यंग्य, निंदा

निरंतरता - लगातार बने रहना

अपरिहार्य - अनिवार्य, अवश्यंभावी

वैकल्पिक - चुनने योग्य, ऑप्शनल

अनिवार्य - आवश्यक, जरूरी

आत्म-विकास - स्वयं का विकास

अनुभव - ज्ञान, तजुर्बा

साहस - हिम्मत, वीरता

संघर्ष - लड़ाई, मुकाबला

अटल - स्थिर, दृढ़

परिणाम - नतीजा, फल

प्रयास - कोशिश, प्रयत्न

क्रमबद्धता - व्यवस्थित रूप से

मार्गदर्शक - रास्ता दिखाने वाला

भ्रमित - भटका हुआ, गुमराह

मुश्किलें - कठिनाइयाँ, बाधाएँ

इच्छा - चाहत, अभिलाषा

जिद - हठ, अड़ियल रुख

हासिल - प्राप्त, अर्जित

सुनिश्चित - तय, निश्चित

अधूरी - अपूर्ण, अधूरा

यात्रा - सफर, भ्रमण

पर्याप्त - काफी, यथेष्ट

निरंतर प्रयास - लगातार कोशिश

परिणाम - नतीजा, फल

प्रयास - कोशिश, प्रयत्न

क्रमबद्धता - व्यवस्थित रूप से

मार्गदर्शक - रास्ता दिखाने वाला

भ्रमित - भटका हुआ, गुमराह

मुश्किलें - कठिनाइयाँ, बाधाएँ

इच्छा - चाहत, अभिलाषा

जिद - हठ, अड़ियल रुख

हासिल - प्राप्त, अर्जित

सुनिश्चित - तय, निश्चित

अधूरी - अपूर्ण, अधूरा

यात्रा - सफर, भ्रमण

पर्याप्त - काफी, यथेष्ट

निरंतर प्रयास - लगातार कोशिश

सफलता - कामयाबी, सिद्धि

ऊंचाई - बुलंदी, शिखर

निश्चित - तय, सुनिश्चित

समस्या - मुश्किल, कठिनाई

प्रेरणा - प्रोत्साहन, उत्साह

दृष्टिकोण - नजरिया, सोच

सहनशीलता - बर्दाश्त करने की क्षमता

अकेलापन - अकेला होने की अवस्था

प्रगति - उन्नति, विकास

सदुपयोग - सही उपयोग

आहट - पदचाप, ध्वनि

सरसता - ताजगी, जीवंतता

सृष्टि - रचना, निर्माण

उमंग - उत्साह, जोश

स्वप्न - सपना

कलरव - पक्षियों की चहचहाहट, खुशी की ध्वनि

नववर्ष - नया साल

संदर्भ (references)

संदर्भ (References)
जीवन के निजी अनुभव
प्रेरणादायक व्यक्ति और कहानियाँ
साहित्यिक और दार्शनिक ग्रंथों से प्राप्त दृष्टिकोण

आभार प्रकट (acknowledgements)

मैं हृदय से उन सभी का आभार प्रकट करता हूँ –
मेरे माता-पिता, गुरुजन, परिवार, जीवनसाथी और उन मित्रों का, जिन्होंने न केवल मुझे
जीवन में थामे रखा, बल्कि हर गिरावट में मुझे ऊपर उठाया।
यह पुस्तक वास्तव में हम सब की है — मैं तो मात्र माध्यम हूँ।

लेखक परिचय (about The Author)

कुशल शर्मा
एक जीवन साधक, प्रेरक वक्ता और अनुभवों से सीखने में विश्वास रखने वाले लेखक।
समाज, शिक्षा, और युवाओं के क्षेत्र में कार्यरत, कुशल ने हज़ारों लोगों की ज़िंदगी में विचारों
के माध्यम से बदलाव लाने का कार्य किया है।
यह पुस्तक उनके जीवन-संग्रह की एक झलक है।

पाठकों के लिए संदेश

प्रिय पाठक,
यदि इस पुस्तक की कोई भी बात आपके दिल को छू गई हो — तो कृपया इसे औरों से साझा करें।
आपकी प्रतिक्रिया और सुझाव मेरे लिए मूल्यवान हैं।
आप अपनी बात निम्न ईमेल या सोशल मीडिया पते पर भेज सकते हैं।
? kushalsharmawrites@gmail.com
? Instagram: @kushalsharmaofficial

आने वाली कृति की झलक (sneak Peek)

"मन की गांठें" – एक नई पुस्तक जो भीतर के द्वंद्वों को उजागर करेगी और आत्म-चिंतन की राह दिखाएगी।
जल्द ही...

9 798899 062452